उनमें वो याद आते हैं

काव्य संग्रह

Deepak Kadam

BookLeaf Publishing
India | USA | UK

Made with ❤ on the BookLeaf Publishing Platform
www.bookleafpub.in
www.bookleafpub.com

Dedication

To my family, friends and teachers
who never stopped believing in me.

Preface

आज बहुत दिनों बाद
कुछ लिखने का मन कर रहा है..
अनजान बने उन पुराने रास्तों पर
फिरसे घूमने का मन कर रहा है...
डर है कि वो अल्फाज पहचान तो लेंगे ना मुझे...
पर इस डरे हुए दिल को भी
आज ऊँचाई पे उडने का मन कर रहा है |

Acknowledgements

I would like to express my sincere gratitude to my family and friends for their constant love and support in my writing journey. I would also like to extend my gratitude to BookLeaf Publishing and Team for their expertise in bringing this book to life.

मुलाकात

एक मुलाकात है
जो बस्स अभी अभी शुरू हुई है...
एक नजर है झुकी हुई
जिससे नजरें मिलाने की कोशिश कर रहा हूं मैं |

एक किताब है उसके हाथों में
जिसमें कहीं खो गई हैं वो...
और एक किताब बैठी हैं मेरे सामने
जिसे कबसे पढ़ने की कोशिश कर रहा हूं मैं |

गुलाब

अपनी डायरी के पन्नों को आज कुछ नया बताना चाहता हूं।
छोटे छोटे किस्सों में उसे महफूज रखना चाहता हूं।
उसके नाम के दो गुलाब लिए हैं मैंने...
एक अपनी डायरी में और एक उसकी जुल्फों में लगाना चाहता हूं।

असर

अपनी साजिशों को बड़ी खुबी से इत्तेफ़ाक का नाम देती है वो |
और जो राज खुलने पर आए
तो हंसी को अपने होठों में दबा देती है वो |
इस हसीन अहसास का असर उस पर भी है और मुझ पर भी
जता तो देती है, बस बताने पर इतरा जाती है वो |

क्या उसे पता भी है?

ये जो बात बात पर जिसका जिक्र करती रहती हो
दिनभर जिसके ख्वाबों में होठों पर मुस्कान लिये फिरती हो
जिसके आने से कुछ यूँ हुआ कि तुम हमें ही भूल गई
क्या उसे पता भी है कि तुम उसे कितना पसंद करती हो ?

कुछ ख्वाब जानबूझकर

कुछ ख्वाब जानबूझकर अधूरे रखे हैं मैंने
सोचा अगर तू हां कह दे तो तेरे साथ पूरा करूँगा |
मेरी कहानी के कुछ पन्ने खाली छोड़े हैं मैंने
सोचा अगर तू मान जाए तो सिर्फ तेरे नाम से ही भर दूँगा |

बाकी हैं

मैंने कह दिया है जो कहना था
तुझ तक पहुंचना बस बाकी है
इशारों इशारों में जता भी रही हूं
तेरा समझना बस बाकी है
उलझी हूं मैं तुझमें कब से
के अब सुलझना भी भला कौन चाहे
हाथ सरका दिया है तेरे हाथ के नजदीक
तेरा थाम लेना बस बाकी है |

आस

तेरा जिक्र हो और मेरे होठों पर मुस्कान न हो
जैसे एक खूबसूरत सी पायल हो पर उसकी कोई झंकार न हो
तुझसे मिलकर भी जो फिर मिलने की आस न हो
जैसे मोहन की मुराद में राधा का वास न हो

कुछ ऐसा

सागर की लहरों का पैरों को प्यार से सहलाना
और सरसराती हवा का हल्का झोंका चेहरे पर आकर ठहर जाना
साँसों की बढ़ती गहराइयों में फिर उस शाम का सुरूर उतर जाना

तुमसे गले मिलकर हमें... कुछ ऐसा ही लगता है|

थोड़ी सी तेरी खुशबू अभी भी ठहरी हैं मेरी साँसों में
थोड़ी सी नरमाहट तेरे जुल्फों की अभी भी फैली है इन गालों पर
थोड़ी सी तू लगे के जैसे अभी भी बाकी है कहीं मुझमें
ये थोड़ा सा तेरा मिलना अभी भी खटकता है मेरे मन में

तेरा गले मिलकर चले जाना... हमें कुछ ऐसा महसूस होता है|

कुछ कहना है तुमसे

सुनो.. कुछ कहना है तुमसे
तुमसे बातें अक्सर अधूरी ही छोड़ दिया करती थी मैं
वरना अगली मुलाकात के लिए कोई बहाने नहीं मिलते
तुम मनाते थे तो मन करता था रूठ जाने का
वरना ऐसी हरकतों में हम वक्त जाया नहीं करते |

किसी हसीन ख्वाब

किसी हसीन ख्वाब की तरह
वो मेरे स्याही में छलकती है
उसकी रूह की खुशबू से
हर नज़्म मेरी महकती है |

उसकी खूबसूरती किसी तारीफ में
बयां नहीं हो सकती
अपनी शायरी में तो बस्स
मैंने अपनी मोहब्बत ही लिखी है |

उसकी आवाज में

उसकी आवाज में मेरा नाम कभी सुनकर देखना तुम
उसके लिए मेरा दीवानापन फिर बेफिजूल का नहीं लगेगा|
मायूस मेरे चेहरे को देख उसके चेहरे का उतरता देखना तुम
उसकी खुशी के लिए मेरी फिक्र का अंदाजा नहीं लगेगा|

किसी शाम को कभी फुरसत से उसकी बातें सुनना तुम
उस गुफ्तगू में गुजरते वक्त का हिसाब नहीं लगेगा|
मुझ पर टिकी उसकी नजरों को.. कभी चुपके से देखना तुम
उसके लिए मेरे इश्क का एक कतरा भी फिर बेवजह का नहीं लगेगा|

खत

किसी सुकून भरी शाम को तेरे लिखे खत लिए बैठता हूँ मैं।
तुझसे दूर होकर भी तुझे बड़े करीब से महसूस करता हूँ मैं।
तेरी लिखावट में उतरे इश्क में तेरी खुशबू भी शामिल है जाना
सिर्फ तुम्हारी के आगे तेरे नाम पर बस नजरें टिकाए रहता हूँ मैं।

तुझसे गले लगकर

तुझसे गले लगकर कुछ देर के लिए
बस ऐसे ही रहने दे मुझको
क्या पता ये वक्त
फिर इसकी भी इजाजत न दे |
कुछ पूछना मत मुझसे
मेरा हाल भी नहीं
इन खामोशियों की खूबसूरती
बस ऐसे ही रहने दे |

आगोश

उसकी आगोश में दिल के तार एक-एक करके टूटने लग जाते थे।
साँसों की बढ़ती गहराइयों में हम डूबते चले जाते थे।
उसकी उँगलियों में उलझी अपनी उँगलियों को पहचानना
मुश्किल हो जाता था।
अब अजीब लगता हैं के कोई शख्स
कभी इतना भी करीब हुआ करता था।

याद

ये काफी नहीं था क्या, कि उससे बिछड़े थे हम
जो आज फिर से ये रास्ता उससे होकर गुजर रहा है |
ये काफी नहीं था क्या, कि सब भूल चुके थे हम
जो आज फिर से दिल याद करकरके झुलस रहा है |

अजनबी

वक्त के साथ मुलाकातें कम होने लगी
और मुलाकातों के साथ फिर जिक्र भी कम हो गया |
कभी मिल भी गये रास्तें तो कमबख्त नजरें नहीं मिलती
मानो जैसे कल का अजीज आज अजनबी बन गया |

मौका

समझेंगे तुमसे मोहब्बत करने का
एक मौका दिया था जिंदगी ने |

तेरी कहानी का किस्सा बनने का
तेरे होठों पर अपना नाम सजते देखने का
तेरे ख्यालों में खुद को खोते देखने का
समझेंगे एक अहसास दिया था जिंदगी ने |

तुझे नजर भर के देख लेने का
इन आँखों में अधुरा ख्वाब सजाने का
तुझे करीब से महसूस करने का
समझेंगे कुछ वक्त दिया था जिंदगी ने |

तुमसे जी भर के मोहब्बत करने का
समझेंगे एक मौका दिया था जिंदगी ने |

यक़ीन है मुझे

फिर तुम्हारी किसी महफ़िल में छिड़ेगी मेरी बात...यक़ीन है मुझे।
और मैं आऊंगी तुम्हारे होठों पर एक हल्की सी मुस्कान बनकर
यक़ीन है मुझे।
तुम्हारी आँखें चाहेंगी ठिकाना ठहरने का
और तुम फिर भी ढूंढ नहीं पाओगे
यक़ीन है मुझे।

वजह

आज फिर उस गली से गुजरना हुआ हमारा
जिसकी हवाओं से बेरुखी हो गई थी कभी |
आज फिर इस दिल पर दस्तक दी है किसी ने
जिसकी चौखट लांघकर गुजरा था कभी कोई |

नये इश्क का ये नया खुमार
कुछ इस कदर चढने लगा है
मानो आज फिर से खत लिखने की
जैसे वजह मिल गई है कोई |

फितरत

सोचा था नहीं करेंगे अब इश्क
ना खेलेंगे इस दिल से
पर आशिकी तो फितरत है हमारी
बगावत करेंगे भी तो किससे ?
उसकी सादगी उसके खूबसूरती पर
गहने की तरह सजती है
अब उस दिल-नशीन से न करे
तो मोहब्बत करेंगे भी किससे ?

उनमें वो याद आते है

वो आए थे हमारी जिंदगी में कई सारे शौक लेकर
कभी सावन की बरखा तो कभी बसंत की बहार बनकर
कुछ शौक संभालकर रखे हैं हमने
कि उनमें वो याद आते हैं
और कुछ छोड़ दिये हैं हमने
कि उनमें वो याद आते हैं |

www.ingramcontent.com/pod-product-compliance
Lightning Source LLC
Chambersburg PA
CBHW070655240926
51846CB00003BA/928
9789373146645